LUÍS KIRCHNER

RELIGIÃO QUEM PODE ME EXPLICAR?

DIRETORES EDITORIAIS:
Carlos da Silva
Marcelo C. Araújo

EDITORES:
Avelino Grassi
Márcio F. dos Anjos

COORDENAÇÃO EDITORIAL:
Denílson Luís dos Santos Moreira

REVISÃO:
Lígia Maria Leite de Assis

DIAGRAMAÇÃO:
Juliano de Sousa Cervelin

CAPA:
Simone Godoy

Dados Internacionais de Catalogação na Publicação (CIP)
(Câmara Brasileira do Livro, SP, Brasil)

Kirchner, Luís, 1940- .
    Religião: quem pode me explicar? / Luís Kirchner. – Aparecida, SP: Editora Santuário, 2008.

    ISBN 978-85-369-0124-4

    1. Perguntas e respostas 2. Religião 3. Teologia – Igreja Católica I. Título.

07-9869   CDD-200.76

Índices para catálogo sistemático:

1. Perguntas e respostas: Religião 200.76
2. Religião: Perguntas e respostas 200.76

Todos os direitos reservados à **EDITORA SANTUÁRIO** – 2008

Composição, CTcP, impressão e acabamento:
EDITORA SANTUÁRIO - Rua Padre Claro Monteiro, 342
Fone: (12) 3104-2000 – 12570-000 – Aparecida-SP.

Ano: 2012   2011   2010   2009   2008
Edição: **10**   9   8   7   6   **5**   4   **3**   2   **1**

Apresentação

Durante séculos e mais séculos, um grupo profissional de estudiosos chamado OS TEOLÓGOS têm ajudado os Papas e os bispos a transmitirem com clareza e certeza as verdades de Jesus Cristo. Têm estudado as mais diversas questões que envolvem a felicidade do ser humano e a sua salvação eterna.

Como qualquer outra profissão ou atividade humana, conhecer todas as conclusões desta área exige tempo de estudo e reflexão, às vezes escapando à capacidade do cristão leigo de acompanhar o raciocínio desta categoria tão importante na vida da Igreja.

Enquanto o teólogo profissional estava e está procurando respostas e esclarecendo dúvidas sobre a fé, com pesquisas na Bíblia e outras fontes sagradas do passado, o católico comum alimenta as suas inquietações, nem sempre encontrando alguém que dê muita atenção às suas dúvidas. É como o médico que está ocupado no laboratório e é procurado pelo doente para saber o que fazer, a fim de minimizar sua febre ou gripe. Como não o encontra no consultório, procura pistas de cura nos conselhos de seus avós ou outras pessoas da comunidade.

A finalidade desta obra é tentar responder às questões que perturbam a paz e a tranqüilidade de muitas pessoas que procuram seguir a Vontade de Deus e querem saber o que devem fazer para conseguir a Vida Eterna.

Serão capítulos em formas de perguntas e frases captadas da boca do "homem da rua". Usando a teologia oficial da Igreja, com toda a sua certeza e garantia, para não estar enganado, tentarei esclarecer e oferecer pistas para muitas questões que não fazem parte do roteiro normal das homilias dominicais, nem das publicações católicas.

No final do livro, colocarei o meu e-mail e endereço, pois se a sua dúvida ou área de interesse não foi tratada nesta obra, poderá escrever-me para receber a sua resposta.

1

> Todas as religiões não são boas, iguais? Não falam de Deus?

O Espírito Santo sopra onde Ele quer. Já houve várias manifestações da presença e da ação divina no meio da humanidade. Existem tradições religiosas milenares como Budismo e Hinduísmo. Nossa própria fé cristã nasce com Abraão, dois mil anos antes do nascimento de Jesus.

Um pensador católico acha que cada revolução que reivindica liberdade para um povo é uma manifestação do Espírito Santo. Nelson Mandella e a queda do Muro de Berlim foram vistos como atos inspirados em planos divinos.

Cada família religiosa traz dentro de si sementes de revelação. Acentuam aspectos importantes da natureza divina. Cada uma fala verdades que vêm da boca de Deus. A própria Igreja declarou durante o II Concílio Vaticano que há liberdade religiosa para escolher a sua crença, respeitando o direito de a pessoa prestar culto a Deus segundo os seus costumes. "Em matéria religiosa ninguém seja obrigado a agir contra a própria consciência, nem impedido de agir de acordo com ela, em particular ou em público, só ou associado a outrem" (DH 2).

O dever mais fundamental do ser humano é procurar a Deus. Não pode ficar sem religião, sem buscar o Deus vivo e verdadeiro. Cada criatura tem uma obrigação de agradecer ao Deus que a criou e conhecer o plano dele. A palavra RELIGIÃO vem de "Re-Ligar", ligar o que foi rompido pelo mal do pecado.

Nós, católicos, porém, temos a audácia de proclamar que a nossa religião é superior, melhor, a manifestação mais completa da vontade de Deus (que se apresenta como um Pai amoroso). O essencial é o

REINO, e a nossa Igreja Católica, Romana, Apostólica é a manifestação mais plena.

Talvez todas as religiões tenham pontos positivos que ajudam o ser humano a crescer. Mas não são IGUAIS em importância. Catolicismo é nitidamente mais pleno com o seu sistema de Sacramentos, de Magistério, de sua Tradição etc. Concordar que uma outra forma religiosa oferece algo de bom não quer dizer que deve segui-la. Respeitar a liberdade do outro não quer dizer que ela fique em pé de igualdade com o catolicismo.

Hoje em dia, com nossa sociedade de objetos descartáveis, existem pessoas que trocam de religião da mesma maneira que freqüentam restaurantes diferentes. O "pulo do sapo" criou uma mentalidade de que o importante da religião é que eu me sinta bem. Não preciso me preocupar com ensinamentos e dogmas. Emoção substituiu a verdade. Compromisso e Cruz cederam lugar para auto-realização e o desejo de optar por aquilo que mais me agrada e não procurar o que é mais certo. Quantas pessoas estão em outras seitas por causa de conflitos com a doutrina da Igreja, porque estão vivendo em segunda ou terceira união matrimonial.

Será que Jesus já previu os nossos dias, quando se vê um ex-criminoso de repente se tornar pastor? "Cuidado, para que ninguém engane vocês. Porque muitos virão em meu nome, dizendo: 'Eu sou o Messias'" (Mt 24,4). "Vão aparecer falsos messias e falsos profetas, que farão sinais e prodígios para enganar até mesmo os eleitos" (Mc 13,22).

Não basta que alguém se declare ministro do Senhor e comece a pregar. A diversidade de práticas religiosas não desaparecerá tão cedo. Mas nós católicos não abriremos mão do fato de que a nossa maneira de crer e praticar a fé é o que mais se aproxima da vontade de Deus.

Por esta razão, temos uma grave responsabilidade: viver e praticar a nossa fé católica com mais empenho e devoção. Católico relaxado é uma contradição.

2

> O que fazer quando uma pessoa que se sente membro da Igreja discorda de uma de suas doutrinas?

Desde o início da Igreja, quando Paulo subiu para Jerusalém e participou do Primeiro Concílio na história da Igreja, há espaço para divergências e posições diferentes. O pluralismo tem sido uma marca constante durante os séculos. Na sua carta *Veritatis Splendor*, João Paulo II trata de assuntos morais e éticos. O Papa diz que, por seu ensinamento e orientação, ele não está querendo impor nenhuma escola teológica (única) de pensamentos, muito MENOS uma filosófica (cf. n. 29). Quer dizer, há muitas maneiras de pensar como católico autêntico e verdadeiro.

São Paulo também observou na sua carta a Timóteo que "vai chegar o tempo em que não se suportará mais a doutrina: pelo contrário, com o comichão de ouvir alguma coisa, os homens se rodearão de mestres a seu bel-prazer" (2Tm 4,3).

Há limites, portanto. Não se pode ir além da cerca. Nem tudo que é falado por um padre ou um teólogo está necessariamente dentro do corpo de doutrina da Igreja.

Na hora de discordar, existem diversos graus. Uma coisa é não concordar com as decisões do Pároco sobre a mudança dos horários das missas (pode ser tanto por capricho dele, como também pelo comodismo dos paroquianos em não quererem mudar os seus hábitos). Outra causa é discordar publicamente de uma das doutrinas da Igreja.

Depois de ouvir muitas confissões de mulheres, um padre jovem ficou frustrado com o número de casos de abortos. Ele pensou se não seria melhor permitir o uso da camisinha, contraceptivo atual que a Igreja não aprova.

A Igreja nunca se apresentou como uma democracia em que a maioria vence, mas tem colocado muitas formas democratas de consultar o povo. Veja os Conselhos Pastorais e Administrativos. As Comunidades de Base são exemplos de cidadania e cristianismo funcionando lado a lado.

Um novo fenômeno que está surgindo são as pessoas que se dizem ser da Igreja. Talvez por causa de rios de dinheiro que estão recebendo de fontes internacionais, existem os denominados "Católicos Por uma Livre Escolha" (em favor do Aborto). É o católico que o Vaticano chama de "Por Quilo", entrando e escolhendo as doutrinas que interessam. Pensam que podem discordar publicamente contra o Papa e ainda continuar dentro da Igreja.

Quem tem um mínimo de conhecimento sobre a Igreja católica sabe da importância que as nossas tradições têm. Quer dizer, se alguém expressou uma opinião, tomou uma posição sobre um determinado assunto no passado, isso pesa e vale muito. Sobre a questão do aborto, durante dois mil anos os católicos, universalmente, de todo país e continente, estiveram sempre contra o aborto. SEM NENHUMA EXCEÇÃO. Ser católico é ser contra matar a vida humana em fase de formação. Ponto final.

Agora, nos últimos 10 anos, apareceram pessoas com muito financiamento, comprando espaços nos jornais etc., dizendo que são católicos e que é possível reconciliar o que era impossível antes. Neste ponto, é muito claro o pronunciamento de João Paulo II na sua carta O Evangelho da Vida (1995): jamais um católico fiel à Igreja poderia assumir esta posição.

Diz o Papa: "Com a autoridade que Cristo conferiu a Pedro e aos seus sucessores, em comunhão com os Bispos da Igreja Católica, *confirmo que a morte direta e voluntária de um ser humano inocente é sempre gravemente imoral"* (n. 57).

Contestar a decisão de um bispo de fechar uma paróquia por falta de sacerdotes é uma coisa. Contradizer a posição da Igreja a favor da Justiça Social e da promoção do Bem Comum dos Povos é outra coisa. Não gostar ou concordar com a roupa selecionada para a Primeira Comunhão ou Crisma é bem diferente do que ser livre para acreditar ou não na Presença Real de Jesus na Hóstia Sagrada.

Além disso, ter dúvidas no íntimo de seu coração ("será?") é uma coisa, mas outra é aparecer em programa de televisão ou publicar um artigo num jornal, questionando a competência e a autoridade da Igreja de ensinar tal ponto. Neste último caso, não é mais uma questão de uma doutrina isolada sendo contestada, mas o que está em jogo é a própria razão de ser da Igreja de ensinar e lecionar a verdade.

3

O que acontece com as crianças não batizadas quando morrem?

Muitas mães, sem culpa nenhuma, têm carregado um peso duplo, não somente com a morte súbita de um filho recém-nascido, sem tempo de ter mandado batizá-lo, mas com outra preocupação: "Será que o meu filho está condenado a ir para o inferno ou algo parecido?"

O normal para conseguir a Salvação é confessar que Nosso Senhor Jesus Cristo é meu Salvador, que perdoou os meus pecados e me deu uma nova vida. Esta confissão é concretizada no Sacramento do Batismo, geralmente pela água. Quando essa confissão é feita por um mártir, chama-se *Batismo pelo Sangue*. E quando uma pessoa, sem culpa, não foi evangelizada, mas de todo o coração está buscando o Deus vivo e verdadeiro, ele recebe um *Batismo pelo Desejo*.

Desde o IV Concílio Laterano (1215), a Igreja não somente aprovou, mas incentivou o batismo de criança, considerando isso quase como um direito que ela tem. Quando se batiza uma criança, que nos braços da mãe ou da madrinha está inconsciente daquilo que está acontecendo ao seu redor, entende-se que os pais e padrinhos estão assumindo o papel de primeiros Catequistas que vão introduzir o neocatólico no caminho do Senhor.

Durante a Idade Média, quando os monges estavam estudando questões difíceis, não tinham papel tipo borrão. Escreviam as suas anotações, as suas questões difíceis nas *colunas* de seus livros grandes. Em Latim, coluna é *Limbus*. Uma vez um autor, escrevendo sobre a questão das crianças não batizadas que morrem, colocou IN LIMBO (na coluna) uma anotação, para o assunto ser lembrado e discutido mais tarde.

Parece que não foi lembrado tão cedo, e um dia um outro monge encontrou a anotação e disse: "Ah, as crianças não batizadas irão para o LIMBO" (como se fosse um local entre o Céu, o Inferno e o Purgatório).

Assim nasceu a idéia de que haveria um local não ruim como o Inferno, mas não completo com a presença visível de Deus, como no Céu.

Entretanto, outros grandes teólogos, como São Tomás Aquino (1200 d.C.), chegaram à conclusão de que até um feto receberia, se fosse necessário, a visita de um anjo que apresentaria uma opção da escolha entre o bem e o mal. Uma pessoa em fase de formação decidiria o seu futuro eterno. Não dependeria da biologia e da saúde.

Para ir para o céu, tem que optar em favor de Deus. Para ser condenado e ir para o Inferno, tem que ter optado contra

Deus e seu plano. Ninguém presente no inferno está lá como vítima. Escolheu livremente o seu destino.

Hoje sabemos que o tal de Limbo não existe. Se você conhece um caso de uma criança que morreu sem ser batizada, não precisa ter pena como se sua salvação eterna estivesse comprometida. Deus é o autor da vida, criou-nos para participar com Ele das alegrias eternas do Paraíso, e Ele quer que todos os seus filhos que não o rejeitaram estejam presentes com Ele.

4

Um dia, na igreja, uma das Hóstias Sagradas caiu no chão durante a hora da comunhão. Antes que o padre pudesse pegá-la, um cachorro a comeu?
O cão comungou?

O que é central em nossa fé católica é a nossa crença que na Santa Hóstia, consagrada durante a Missa, Jesus está presente, em Corpo e Alma. É uma Presença Real, mais do que um símbolo ou lembrança daquilo que Ele fez durante a Última Ceia. É Ele mesmo, aqui, agora, no meio de nós, porque nos ama.

Esta Presença não depende de nossa fé. Acreditando ou não, Jesus está lá no Altar e no Sacrário. No latim, há a famosa frase *Ex opere operato*, quer dizer, não depende do Ministro e de sua fé pessoal para fazer Jesus presente. Um padre pecador faz Jesus chegar tanto quanto um padre santo.

Quanto ao cachorro (ou alguém bêbado), pode ser que receba a Hóstia. Comungar, porém, é fazer um ato de fé, criar uma amizade com Cristo. Já faz tempo que se fala da pessoa pecadora que entra na fila da Comunhão. A sua recepção é válida? O problema não é com Cristo. É com o pecador. Tem capacidade de receber Jesus? Para o Sacramento suscitar os seus efeitos numa pessoa, é preciso que o indivíduo seja um agente ativo no processo, não um robô. Bloqueios de pecado e as resistências dos vícios dificultam a atividade e eficácia de Jesus.

Deus já ama todos os animais. Comer uma hóstia não acrescenta mais nada do carinho e proteção do Divino Mestre.

Por esta razão, muitos santos e místicos aconselharam os fiéis a chegar cedo antes da Missa e se preparar bem para a Liturgia Eucarística. Quanto mais consciente e concentrado, melhor o cristão vai aproveitar e saborear o efeito deste contato com Cristo.

5

É pecado fazer remédios usando a água benta?

O uso da água em práticas religiosas é antigo. Em nossa Bíblia, temos o aparecimento da vida acontecendo quando as águas são separadas. A libertação da escravidão é alcançada passando pelas águas do Mar Vermelho. Cristo é batizado na água e deixa para os seus discípulos um Sacramento, cujo instrumento e símbolo principal pede o uso da água. Ele se declara ser ÁGUA VIVA que satisfaz os desejos mais profundos do ser humano.

Como lembrança da água de nosso Batismo, foi introduzido nas igrejas a pia de Água Benta, na entrada da igreja. Ao entrar, o fiel se benze, fazendo o Sinal-da-Cruz, relembrando que pela água ele foi introduzido dentro do Povo de Deus e se tornou membro de uma comunidade *sacerdotal* e *profética*.

Água Benta é algo sério para nós católicos. Por esta razão, deve ser tratada com respeito e veneração, e nunca usada para meios ou finalidades estranhas.

Nossa religião católica é SACRAMENTAL (quer dizer, usa muitos sinais e símbolos para ensinar e revelar as coisas de Deus). Basta ver as vidraças coloridas de nossos templos, o uso das imagens, as pinturas, as estátuas etc. Uma Igreja católica é alegre e atraente, pois tudo isso é símbolo de fé e de graça.

Durante o tempo de Santo Agostinho (d.C. 430), ele contou mais de 2.000 SACRAMENTAIS. São objetos e coisas materiais que nos fazem lembrar do amor e da natureza de Deus. "A santa Mãe Igreja instituiu os Sacramentais. São sinais sagrados, pelos quais, à imitação dos Sacramentos, são significados efeitos principalmente espirituais, obtidos pela impetração da Igreja... e são santificadas as diversas circunstâncias da vida" (SC 60).

Antigamente os pais abençoavam os seus filhos. Na festa de São João, o vinho era abençoado. Há dias de abençoar o pão, a garganta, os instrumentos de trabalho, os doentes etc.

A grande diferença entre SACRAMENTOS (que produzem o efeito que simbolizam) e os SACRAMENTAIS é que estes só recordam e relembram as obras e atos de Deus. Por si mesmos, não têm nenhum poder próprio, e aqueles têm.

Quando alguém está doente, podemos rezar para que a pessoa tenha paciência, resignação, aceitação da vontade de Deus etc. Que enxergue a doença como um momento de maior adesão aos sofrimentos de Cristo. A oração é um instrumento poderoso neste momento.

Mas quanto à cura do corpo, existem médicos, remédios, hospitais, farmácias, clínicas etc. Não é bom misturar as coisas. A finalidade da água benta não é curar as doenças biológicas, mas para trazer conforto para as angústias de um enfermo.

Oração é para a alma e vida espiritual. Medicina, para o corpo e a vida biológica. Cada ferramenta tem uma finalidade e foi criada por Deus e pode ser instrumento do Espírito Santo. Eu não visto uma camisola para ir a uma festa. Não durmo com *black tie*. Biquíni é para a praia. Cada coisa tem o seu lugar e objetivo.

Assim, não preciso mesclar objetos cujas finalidades são outras.

6

Quanto tempo passaremos no purgatório antes de ver Deus face a face?

Depois de ter uma ferida, ser cortada ou sofrer um acidente, a pessoa pode sarar e voltar ao seu estado normal. Freqüentemente, porém, a marca ou cicatriz deixada por causa da ferida exige uma recuperação mais ampla para tudo ficar exatamente como estava.

O pecado nos fere. Deixa a sua marca. Machuca-nos. Ele pode ser perdoado, mas o efeito do pecado nos deixa desgastados. Nossa idéia de Justiça nos leva à conclusão de que existe necessidade de uma purificação total dos pecados cometidos durante a nossa vida, mesmo daqueles já perdoados. Fomos perdoados, mas antes de entrar no Banquete Eterno do Céu, preparamo-nos para o grande evento, colocando tudo em ordem, enfeitando-nos à altura do encontro com Deus. Isso é o Purgatório, palavra que significa purificação.

No Antigo Testamento, Judas Macabeu mandou oferecer sacrifícios expiatórios pelos que haviam morrido, para que fossem absolvidos do seu pecado (2Mc 12,46). No século V, o Papa Gregório Magno falou que "no que concerne a certas faltas leves, deve-se crer que existe, antes do juízo, um fogo purificador...". Desta afirmação podemos deduzir que certas faltas podem ser perdoadas no século presente, ao passo que outras, no século futuro.

O Catecismo da Igreja Católica fala de uma purificação que obtém a santidade necessária para entrar na alegria do Céu (n. 1.030).

De qualquer modo, nosso Purgatório será mais ou menos intenso segundo a quantidade e grau de nossos pecados.

Quem pecou mais e sistematicamente terá necessidade de maior recuperação do que a pessoa que teve ofensas menores. Quem visita o dentista anualmente geralmente tem menos problemas do que a pessoa que espera e acumula 10 a 15 anos de problemas.

Criou-se o costume de rezar pelos mortos (pelas almas no Purgatório) no dia 2 de novembro, ganhando Indulgências para aplicação na "limpeza e purificação" dos nossos irmãos e irmãs já falecidos. Nossa tradicional Missa de 7º Dia tem este sentido embutido nela.

Obviamente o melhor negócio é evitar pecar o máximo possível durante esta vida.

7

> Uma vez eu estava necessitado
> e desviei dinheiro do meu patrão.
> A minha situação melhorou.
> Porém, se eu devolver a ele,
> provavelmente vou perder o
> meu emprego. O que fazer?

O primeiro passo da Justiça é que ninguém pode beneficiar-se de um roubo ou furto. Foi um ganho ilícito. Não se pode ficar com o lucro do ato.

A não ser que a existência da empresa esteja em jogo e precise do dinheiro para a sua própria sobrevivência, devolver o dinheiro com a devida explicação seria a saída para uma suspensão ou perda do emprego, pois a confiança do chefe seria abalada com o procedimento do funcionário, e dificilmente ele encontraria clima para continuar trabalhando na empresa.

Como agir então?

Há várias opções possíveis: Poderia doar o valor desviado a uma obra de caridade, filantrópica, como por exemplo, um hospital ou creche. Dar o dízimo na paróquia. Contribuir para a ação de uma ONG que trabalhe em favor dos mais pobres. Pois qualquer vantagem obtida com o desvio do dinheiro tem que ser desfeita na medida do possível.

Talvez isso fosse o melhor num mundo imperfeito: devolver o dinheiro a alguém que precisa.

É uma situação difícil como a de um marido que cometeu uma infidelidade confessar à esposa, pois afeta os laços entre os dois. Então ele se esforça para estar mais presente no lar, ajuda a esposa nos afazeres domésticos, leva-a para jantar fora ou para o cinema, compra um vestido novo ou o perfume que ela estava desejando.

Um ato de desamor pede um "contra-ato" de amor que restabelece o equilíbrio danificado. Jesus não perguntou três vezes a Pedro se ele ainda o amava, depois de ter negado a sua ligação com Cristo três vezes?

8

Por que a Igreja está contra a camisinha?

Hoje em dia, fala-se muito de "sexo seguro", como se fosse possível manter uma atividade sexual sem qualquer responsabilidade ou controle. Vários governos promovem o uso indiscriminado da camisinha, oferecem aulas e orientações. No Brasil, durante o tempo de Carnaval, são distribuídas camisinhas de graça.

Com o aumento do número de abortos, vítimas de AIDS e outras doenças sexualmente transmissíveis, não seria uma questão ÉTICA e moral evitar estes acontecimentos, facilitando meios que evitem tudo isso?

Fontes seculares reconhecem que o portador de AIDS tem a responsabilidade moral de não infectar outras pessoas sadias. O uso da camisinha não é o meio natural de fazer isso? Como pode a Igreja ser contra?

Uma voz quase solitária, porém, está se levantando suspeita sobre esta prática. Será que é uma solução ou apenas geraria novos problemas? O único sexo seguro não é a abstinência, que envolve educação e motivação?

O motivo e raciocínio da Igreja é que, em princípio, cada ato sexual (que deve ser um ato de amor e doação – não apenas a busca do prazer contido nele) deve estar aberto à transmissão de vida.

O Catecismo da Igreja Católica lembra que "a sexualidade está ordenada para o amor conjugal entre o homem e a mulher... não é em absoluto algo puramente biológico, mas diz respeito ao núcleo íntimo da pessoa humana como tal. Ela só se realiza de maneira verdadeiramente humana se for parte integral do amor... um para com o outro até a morte" (CIC 2.360-61).

Obviamente a finalidade da camisinha é exatamente proibir e negar a procriação de uma vida nova. É uma barreira artificialmente colocada para frustrar isso.

Dados e estatísticas vindos de países, como África do Sul, revelam que o número de vítimas de AIDS aumentou a partir do momento em que o governo distribuiu camisinhas em grande escala, prometendo proteção. Simplesmente não funcionou. No Brasil, a AIDS está aumentando rapidamente entre as mulheres, sendo que no estado de São Paulo já é a principal causa de morte entre mulheres da 2ª a 4ª década de vida.

Nos Estados Unidos, no ano de 2001, grupos de médicos que representam mais de 10.000 membros denunciaram o órgão governamental encarregado de proteger as mulheres como participantes de esconder o fato de que a camisinha não evita a transmissão da AIDS. As suas pesquisas revelaram que o uso da camisinha não protegeu as mulheres de muitas doenças venéreas. De acordo com o "1998 Medical Management of HIV Infection" de John G. Bartlett, MD, professor da Johns Hopkins University School of Medicine, Baltimore, Maryland, a "camisinha" usada de modo comum, falha em 12%.

Segundo Bobit Muelit, o HIV é um vírus monocelular que se vê com muita dificuldade por um microscópio molecular de alta precisão. Ele passa facilmente pelas fendas naturais de todas as matérias no nível molecular, mesmo de borracha e de plástico. Eis o motivo que o vírus atravessa os poros da camisinha. Portanto, a Camisinha é UM INSTRUMENTO LETAL DE DOIS GUMES.

Dizer que o uso da camisinha a 60% é "sexo seguro", é um engano publicitário — **é mentira!!!** Muitas e muitas pessoas já pegaram AIDS usando este preservativo. Ao fazer propaganda para usar, é propaganda para fazer. O uso irresponsável, clandestino e imoral deste instrumento, leva o homem a se embrutecer, degenerar-se e perder o seu controle de dizer "NÃO". É claro que é mais de uma simples questão de moralidade, mas também é questão de segurança e saúde pública em grandes proporções.

Quanto às denúncias de que a Igreja Católica é fria e indiferente ao sofrimento dos portadores de SoroPositivo, a ONU reconhece que entre 10 a 20% de todos os programas de atendimento são dirigidos diretamente por organizações católicas. Ela mantém atividades em 102 países, ajudando as vítimas do HIV, sem promover o uso da camisinha como meio de evitar doenças.

É tolice pensar que existem meios fáceis de abusar da mãe natureza. Desmatamos as florestas, poluímos os rios e oceanos, estamos acabando com o petróleo na mesma hora do aquecimento do globo, e se diz que é possível abusar da sexualidade sem pagar nenhum preço.

9

> Quando vou dormir,
> fico com tanto sono
> que não consigo
> rezar direitinho

Talvez seja porque a hora de deitar já seja a hora para dormir. Ponto final. O cristão tem que descobrir outros horários durante o dia para rezar. No meu caso pessoal, eu custo para acordar. Não gosto de celebrar missas de manhã cedo. Durante a oração da manhã, prefiro o silêncio. Sem muitos cânticos ou comentários.

Preferência pessoal. Sou coruja da noite. Outra pessoa acorda bem-disposta. Eu não. O importante é descobrir como funciona o meu relógio biológico. Eu sou criatura da noite. Outro indivíduo está cansado no fim do dia.

A Bíblia diz que devemos rezar sempre. Deixou os detalhes por nossa conta.

Como, quando, de que maneira, com quem, onde? Tudo é negociável. Só não o fato de que não devo rezar.

Os monges passam o dia inteiro rezando. Às 2h da madrugada, depois das 6h às 9h, meio-dia, às 15h, às 17h e de novo às 20h. Com certeza, há religiosos que têm as suas preferências, gostando mais de um horário do que de outro. Tudo conforme as suas disposições pessoais.

Pode-se rezar um Terço. Ladainha, Novenas, participar de uma missa, ler a Bíblia. Existem tantas maneiras de rezar. O que Cristo quer é que eu escolha, ao menos, uma destas formas e assuma um programa que acompanhe o meu biorritmo.

É uma questão de organizar o seu dia de tal forma que certos momentos sejam reservados para o Senhor. Todo o mundo reserva tempo para comer, tomar um banho, assistir programas de notícias etc. Faça a mesma coisa para o Senhor.

Não deixe para a última hora de fazer o que é muito importante.

10

> Assisti a um filme erótico que estava passando na televisão e depois fiquei excitado. Senti maus desejos. O que fazer?

A resposta é simples. Não precisa ser professor universitário. Tem que evitar filmes eróticos. Escritores cristãos têm notado que o primeiro pecado entrou no mundo quando Eva OLHOU para o fruto proibido e desejou comê-lo.

Os olhos são o portão pelo qual nossa alma recebe informação. De todos os cinco sentidos que temos, nossa visão exerce uma influência enorme sobre nossa maneira de pensar e tomar decisões. Fala-se que estas imagens são gravadas em nossa alma e começam a possuir vida própria.

Por causa de seus estudos de Platão, Santo Agostinho ensinou que em termos de sexualidade, não pode haver pequenas ofensas, pois a questão da própria transmissão da vida está em jogo. Criou-se a mentalidade de que a Igreja católica é muito conservadora nesta área. Qualquer pequena concessão aos desejos da carne é vista como algo que coloca o cristão numa situação pecaminosa. Ler livros eróticos ou assistir filmes e vídeos pornográficos nunca podem ser considerados ofensas leves contra o plano de Deus.

Se houve pecado, começou com a decisão de assistir tal filme que estava passando na televisão. Quando noto que estou sendo provocado, causando reações em mim, devo procurar afastar-me do perigo. Ao continuar assistindo, estou decidindo aceitar as conseqüências.

Pelo fato de que existem tantos outros bons programas, é uma questão de usar bom senso e prudência. Se eu vou beber duas garrafas de cachaça, não posso reclamar depois se tiver uma ressaca.

11

Pagar o dízimo é obrigatório ou é para quem quer aderir?

Deus nos criou do nada. Ele nos deu tudo: amor, vida, salvação, felicidade. É natural que um ser humano retribua com alguns atos de louvor e agradecimento.

Dízimo é a contribuição voluntária, regular e proporcional aos ganhos de cada um, com a qual o cristão participa das responsabilidades de manter as atividades de sua comunidade de Fé. Reflete no gesto concreto de partilha o vínculo que o fiel tem com a sua comunidade. O sentido da palavra é devolver 10%.

O Dízimo é aplicado em três dimensões:

— dimensão religiosa: despesas com o culto, com o sacerdote, com o templo.

— dimensão social: ajuda aos mais necessitados.

— dimensão missionária: despesas com a Evangelização fora dos limites da comunidade. Ajuda a outras paróquias e comunidades, obras missionárias.

O Senhor é rico, mas seu trabalho de Evangelização requer finanças para promover as liturgias, catequese, cuidar de órfãos e idosos, atender doentes e manter escolas e muitas outras obras de caridade.

No Antigo Testamento, há muitas citações sobre o Dízimo (Gn 14,20; 28,22; Lv 27,32; Nm 18,21-24; Mt 23,23; Lc 11,42 e 18,12; Hb 7,2.5-9). Às vezes nossos irmãos evangélicos exageram, tornando o dízimo mais importante do que o amor a Deus. Mas Deus me proporcionou tudo. Não sou uma pessoa miserável se recuso oferecer algo de volta a Ele, conforme as minhas circunstâncias, o salário que ganho e as outras despesas que tenho?

Observando bem o Novo Testamento, não é mais o tempo do Dízimo. É a era da Partilha e da Comunhão. Em vez de se preocupar com 10% ou não, quais são as necessidades da minha comunidade, da minha igreja? Nem sempre dinheiro é o mais importante. Participação e uma presença que anime os outros têm um valor enorme.

Sustentar as obras da Igreja é algo que cada adulto deve assumir, dentro de suas possibilidades. Entretanto, a Polícia Federal está investigando muitas seitas e grupos de crentes por terem enviado dinheiro ilegalmente para o exterior ou por lavagem de dinheiro, tudo indicando que há dinheiro sobrando e estes grupos não sabem como usá-lo para promover boas obras. Quando a melhor casa do bairro e o carro do ano na porta pertencerem ao pastor, está na hora de rever as pregações incessantes sobre Dízimo.

Quanto um cristão generoso dará a Deus dos seus bens e salário? DEPENDE. Qual é a idade da pessoa? Quanto ganha por mês? Só um pouco mais de um salário mínimo? É pai ou mãe de uma família nova em fase de formação, com vários filhos pequenos ou adolescentes? Como vai a saúde das pessoas? Tem dinheiro para viajar e tirar férias cada ano? Tem um carro novo? Compra muita roupa, jóias e perfume?

A Palavra do Senhor diz que a Caridade cobre uma multidão de pecados. Deus gosta de uma pessoa generosa e não vai ficar menos generoso. Ele retribuirá com os seus próprios bens. Quando se trata de relacionamento com Deus, não se usa uma tabela, como se fosse uma questão de pagar imposto divino, de renda.

10%? 5%? 2%? Deixe que o seu coração fale e indique quanto você pode oferecer. Ainda, sobre este assunto, lembra-se que o Dízimo é ligado ao culto. Quem não participa na Eucaristia não pode ser dizimista. Muitos contribuem para o sustento das obras da Igreja através de uma oferta ou donativos, mas o sentido do Dízimo é um ato de louvor e adesão ativa ao Senhor.

12

> Quando não tem a celebração da missa com o padre, o católico é obrigado a freqüentar? O sermão do ministro é mal preparado, comprido, chato.

Ninguém freqüenta o culto por causa do Celebrante da cerimônia. Nosso dever como filhos de Deus é louvar e agradecer o nosso Criador, que é um Pai amoroso que nos deu o seu único Filho para ser nosso Salvador.

Em muitos casos, existem padres que receberam aulas de oratória e comunicação que ajudam na hora de falar ou pregar. Com os seus estudos de filosofia e lógica, muitos sacerdotes sabem como organizar os seus pensamentos. A homilia tem uma introdução, um meio e uma conclusão, nem sempre precisando mais de 12 minutos.

Mas existem muitos membros do clero que são péssimos comunicadores também. Durante o Concílio de Trento, a Igreja falou sobre o *Ex opere operato*, ou quer dizer, o Sacramento não depende da santidade ou eficácia do celebrante para ser bom e válido. O amor de Deus não é bloqueado por alguém que não sabe falar bem em público ou, no caso do Brasil, com a falta de vocações nativas, muitos dos padres são estrangeiros, com o seu sotaque diferente.

Atualmente no Brasil, em qualquer Domingo, entre 70% a 75% das celebrações católicas não são missas eucarísticas, mas celebrações da palavra ou algo parecido. É um caso sério que precisa ser resolvido logo, pois uma Igreja completa pede a presença da Eucaristia.

Mas quem não tem cão, caça com gato. A próxima vez que você ficar chateado com a qualidade do culto, pergunte a si mesmo o que você tem feito para promover vocações sacerdotais na sua própria família e comunidade. Se não houver generosidade das famílias católicas, não haverá um número suficiente de sacerdotes nativos, filhos do local onde atuam. O Brasil tem sido abençoado com missionários estrangeiros durante séculos e séculos. Está na hora de ele produzir uma safra suficiente para atender as necessidades do Povo de Deus, inclusive de Ministros da Palavra e da Eucaristia que têm o seu lugar e papel específicos na comunidade cristã, independentemente do número de sacerdotes.

13

> É necessário ser um membro ativo de um Movimento ou Pastoral da Igreja? Não basta freqüentá-la?

O surgimento de leigos exercendo funções fora e dentro da Igreja é algo recente na história da Igreja. Hoje em dia, há tantos grupos de casais, de jovens, de oração, das pastorais sociais etc. É impressionante o engajamento e compromisso que milhares de cristãos vivem.

A vocação e ministério do leigo é ser engajado no mundo, evangelizando e transformando os ambientes não religiosos, como, por exemplo, a família, a cultura, a educação, o mundo dos negócios e a economia, a política, a ecologia e meio ambiente etc.

Através da sua vocação, os leigos são CRIATURAS NOVAS em Cristo (cf. Gl 6,15; 2Cor 5,17), purificados de pecado e cheios de vida pela Graça. Existem três aspectos fundamentais da figura do Leigo:

a) no Batismo, são regenerados com a vida de filhos de Deus;

b) são unidos com Jesus e com Seu Corpo (que é a Igreja);

c) são ungidos (isto é, consagrados) pelo Espírito Santo, tornando-se Templos Espirituais.

O Sacramento do Batismo chama o cristão a engajar-se em nome de Cristo. O Papa Paulo VI já disse que o leigo não precisa de permissão do seu Pároco para agir em nome de Cristo. Já é qualificado pelos Sacramentos do Batismo e Crisma.

Já João Paulo II queria os leigos presentes no mundo da arte, da música, da pintura, da filosofia, da educação, da literatura, cinema, televisão, imprensa etc., apresentando a Verdade sobre Jesus, o homem e o mundo. Evangeliza-se através da Cultura, que forma as mentalidades e costumes. Sem uma cultura forte e sadia, o homem é exposto a qualquer manipulação.

Acontece, entretanto, que as forças do mal nunca foram tão organizadas e atuantes como nos dias de hoje. Uma andorinha só não faz verão. Um cristão leigo sozinho no ambiente de seu emprego, escola, comunidade, às vezes não tem muita força ou influência. Precisa ser espalhado com a companhia de outros colegas que abracem o mesmo caso.

E uma vez que nenhum leigo pode dedicar-se com tempo integral para estas atividades, é bom que existam outras pessoas ao seu lado para não "deixar o pepino cair". Uma pessoa só pode cansar.

Os benefícios de ser membro de um grupo organizado de Igreja é que geralmente ele oferece formação e treinamento, uma espiritualidade e vida de oração, e o apoio dos amigos quando a luta é árdua.

Segundo o documento do Vaticano II que fala sobre a natureza da Igreja, os leigos devem sentir-se mais responsáveis, o seu zelo é fortalecido, e se tornam mais aptos a aderir aos trabalhos dos pastores (isto é, das pastorais). Ao serem formados e organizados em grupos, os pastores da Igreja, os nossos bispos, serão ajudados pela experiência dos leigos e julgarão melhor as questões materiais e espirituais. Com isso, toda a Igreja ganha.

Uma vez que existem tantos grupos de leigos católicos atuando (às vezes provocando dúvidas na cabeça do clero sobre a sua atuação), há um tipo para todos os gostos. Nos grupos de oração e de espiritualidade, tem pessoas que gostam de rezar em voz alta e bater palmas. Outros grupos valorizam o silêncio e a contemplação.

Existem Pastorais que olham para as necessidades fora do templo. Defendem os interesses do índio, dos "sem-terra", dos jovens, da família, dos direitos humanos, dos doentes, dos encarcerados, do menor, da criança etc.

Outros leigos se engajam na catequese, ensinando a doutrina e as verdades de Jesus para as crianças, os adolescentes, os pais e padrinhos, os noivos etc. Outras pessoas contribuem para a beleza e arte da Liturgia, cantando e comentando. Há sempre algo para todos os gostos.

Ninguém é obrigado a ser membro de um desses grupos, mas não há nenhuma dúvida de que é muito útil e eficaz participar com outras pessoas que têm o mesmo ideal de promover a Pessoa de Jesus e as suas Verdades, criando o Reino dele aqui na face da Terra.

Se você não conhece nenhum destes grupos, procure o seu Pároco para receber maiores informações e detalhes. Até nas Prelazias e dioceses mais distantes, há muita gente trabalhando em nome de Cristo (segundo LG 37).

14

Por que Maria de Nazaré tem tantos títulos?

Na vida real, a mesma mulher pode ser, simultaneamente, a filha de alguém, esposa do outro, mãe de muitos, irmã, amiga, colega etc. de várias pessoas diferentes.

Ela é a mesma pessoa. O que muda são os laços de relacionamento que ela tem com as diversas pessoas. Com o pai dela, claro, ela vai (re)agir diferente do que com os seus filhos. Ela fala palavras de amor de uma maneira diferente ao seu marido do que com outros amigos.

Maria de Nazaré, mãe de Jesus, viveu num momento histórico, casou com um homem chamado José. Existe até hoje um lugar na cidade dela que é apontado como o local onde ela foi criada por Sant'Ana e Joaquim.

Sendo venerada por tantos povos e culturas, cada um teve a belíssima idéia de "reinventar" Nossa Senhora. Veja por quantos tipos e critérios ou categorias Nossa Senhora tem sido "classificada".

1. Segundo a sua *raça* (veja a diferença entre Nossa Senhora de Guadalupe — Indígena – e Nossa Senhora de Fátima — branca);

2. Segundo as *funções* que ela exerce (Rainha dos Apóstolos, Mãe dos Aflitos etc.);

3. Segundo o *local* onde ela visitou (Nossa Senhora de Lourdes, na França; Nossa Senhora de Montserat, na Espanha);

4. Como *Modelo* (de paciência, de coragem ou bondade);

5. Ou como *Virgem* (de Pureza, de Perseverança ou de Misericórdia).

Na cidade de Nazaré, há uma Basílica em honra a Nossa Senhora. Cada país foi convidado a pintar a SUA Nossa Senhora. Os artistas católicos das diversas nações conceberam esta mulher segundo as suas tradições e costumes. Como seria de se esperar, o painel reservado para o Brasil tem a imagem de Nossa Senhora Aparecida. Há uma figura que veio do Japão, onde Nossa Senhora é nitidamente oriental. Os poloneses têm a Nossa Senhora de Czestochowa.

Além disso, os Redentoristas, obedecendo a ordem do Papa, promovem devoção a Maria como Nossa Senhora do Perpétuo Socorro. Os Salesianos pregam a mesma mulher como Nossa Senhora Auxiliadora.

É interessante notar como tantos países têm locais e basílicas especiais para receber os romeiros dela. Em Belém do Pará, o Círio de Nazaré começa nos primeiros dias do mês de outubro e se torna uma das festas religiosas mais participadas do mundo. Falam que entre 3 a 5 milhões de mexicanos congregam na Praça de Guadalupe no dia 12 de dezembro. No Estado do Paraná, é Nossa Senhora do Rocio. Na República Tcheca, o santuário está na Svata-Hora.

No livro "Maria e seus Gloriosos Títulos", de Edésia Aducci, 1960, Editora Lar Católico, veja alguns dos títulos descobertos pela autora:

Títulos litúrgicos
- NOSSA SENHORA da Conceição do Ó
- da Guia das Dores
- da Glória Medianeira de todas as Graças

Títulos históricos:
NOSSA SENHORA
- do Pilar (Espanha), da Consolação (Palestina)
- de Rocamadour (França), de Chartres (França)
- de Puy (França), das Neves (352, Itália)
- d'Oropa (369, Itália), da Correia (Lagaste, África)

- de Atocha (Espanha), do Porto de Clermond-Ferrand (França)
- Achiropita (590, Itália), de Bolonha (636, França)

Século VIII
- de Núria (Espanha), de Covadonga (Espanha)
- de Collell (780, Espanha), de Einsiedeln (863, Suíça)
- de Montserrat (880, Espanha), de Fourvière (França)
- do Santo Cordão (1008, França), da Misericórdia (1026, França)
- de Walsingham (1061, Inglaterra), da Paz (1086, Espanha)
- de Lignou (França), de Almudena (Espanha)
- dos Milagres (França), das Ovelhas (França)
- dos Mártires (1147, Portugal), da Enfermaria (1147, Portugal)
- de Nazaré (1150, Portugal), de Paris (1163, França)

- de Rancoudray (França), do Rosário (1206, França)
- dos Anjos (1212, França), da Guarda (1214, França)
- da Escada (Portugal), da Ameijoeira (1217, Portugal)
- da Anunciada (Portugal), das Mercês (1218, Espanha)
- do Capítulo (1224, Portugal), da Cabeça (1227, Espanha)
- do Carmo (1251, Inglaterra), do Pé de Prata (1284, França)
- de Loreto (1291, Itália), do Mar (1291, Iugoslávia)
- de Arcachon (França), da Anunciação ou da Água (Portugal)
- de Folgoet (1350, França), da Graça (1362, Portugal)
- de Bonária (1370, Itália), da Vitória (1385, Portugal)
- da Coroa (Itália), do Cabo (Portugal)
- do Portal (França), dos Desamparados (1409, Espanha)
- do Monte Bérico (1426 Itália), de Caravaggio (1432, Itália)

- de Telgte (1455, Alemanha), da Luz (1463, Portugal)
- do Bom Conselho (1467, Itália), da Lapa (1498, Portugal)
- das Portas (França), das Oliveiras (França)
- das Rosas (Itália), das Boas Novas (França)
- da Penha de França (Espanha), da Estrada (Espanha)
- das Angústias (Espanha), da Fonte Santa (França)
- dos Prazeres (Portugal), do Olmo (1510, França)
- de Guadalupe (1531, México), do Bom Encontro (França)
- de Sipária (Ilha de Trindade), da Vitória (Brasil)
- de Crann (França), da Saúde (1538, México)
- da Saúde (1570, Portugal), da Vitória de Lepanto (1571, Itália)
- da Penha (1558, Brasil), de Copacabana (1582, Bolívia)

- da Penha de França (1597, Portugal), de Guanajuato (México)
- de Bétharam (França), de Libertadora (França)
- do Carvalho ou dos Banhos (1600, Itália), da Caridade (1607, Cuba)
- das Vitórias (França), da Cabeça Inclinada (1610, Itália)
- de Luxemburgo (1624, Luxemburgo), da Saúde (1630, Itália)
- do Vale (1630, Argentina), de Lujan (1630, Argentina)
- de Kevelaer (1642, Alemanha), de Laus (1664, França)
- de Celles (1686, França), do Rocio (1686, Brasil)
- da Nuvem (1696, Equador), do Bom Sucesso (Portugal)
- da Lapa dos Mercadores (Brasil), de Nazaré (1700, Brasil)
- da Portaria (Espanha), da Árvore (1703, França)
- Aparecida (1717, Brasil), Aparecida de Cabo Frio (1721, Brasil)

Títulos cuja fonte histórica não menciona o ano ou século em que começaram a ser usados:

Nossa Senhora
- das Treze Pedras (França), dos Mares (Brasil)
- da Humildade (Portugal), de Jerusalém (Portugal)
- do Salto (Portugal), da Candelária (Tenerife)
- da Cinta (Portugal), do Líbano (Líbano)
- da Ajuda (Brasil), do Pilar (França)
- da Raiz ou da Esperança (México), da Gota de Ouro (França)
- de Belém (França), d'Ablon (França)
- de Razecueillé (França), da Claridade (França)
- do Carvalho (França), de Buglose (França)
- de Begonha (Espanha), do Vimeiro (França)
- da Sede (França), da Salve-Rainha (França)

Os fundadores do Protestantismo como Martinho Lutero, João Calvino e Zvinglio escreveram coisas bonitas sobre Nossa Senhora. Estes mestres da Reforma foram muito mais fiéis a Maria do que os seus discípulos. Todavia, no protestantismo contemporâneo nota-se uma volta às origens, da qual vai aqui transcrito um espécimen, tirado de um Catecismo luterano:

"Maria faz parte do Evangelho... É apresentada como aquela que ouviu de maneira exemplar a Palavra de Deus, como a serva do Senhor que diz Sim à palavra de Deus, como a cheia de graça que por si mesma nada é, mas que é tudo por bondade de Deus. É, com efeito, o modelo original dos homens que se abrem a Deus e se deixam enriquecer por Ele, o modelo original da comunidade dos fiéis, da Igreja... 'Concebido por obra do Espírito Santo, nascido da Virgem Maria': é uma verdade que confessamos de Jesus; conseqüentemente, confessamos também que Maria é a Mãe de Nosso Senhor"

(Evangelischer Erwachsenenkatechismus, sob a direção de W. Jehtsh, Gütersloh).

Creio que o leitor está satisfeito com toda esta informação.

15

Nossa Senhora é chamada por nós católicos de Virgem. Ela teve outros filhos?

Uma das poucas doutrinas básicas da Igreja (ou seja, dogma) nos ensina que ANTES, DURANTE e DEPOIS do parto, Nossa Senhora permaneceu virgem. Tem sido uma crença constante desde o início da Igreja, indo até contra a cultura da época de que uma mulher, mãe de muitos filhos, era abençoada por Deus, e a esterilidade vista como maldição.

Não faz muito sentido, portanto, a Igreja inventar uma doutrina e artigo de fé que fosse contra a sabedoria comum da época, A NÃO SER PORQUE ERA A VERDADE. É assim mesmo. Nós acostumamos a promover posições que agradem, que são mais fáceis de aceitação.

Ao entrarem numa era mais tecnológica e científica, no século 20, houve pessoas que perguntaram o que queria dizer ser virgem? Quem nunca praticou um ato sexual? O hímen da mulher nunca foi rompido, penetrado? Ou alguém, depois de ter praticado atos sexuais, poderia viver como se fosse virgem?

Tradicionalmente os pregadores usam o trecho de Is 7,14 ("Uma Virgem concebeu e dará à luz um filho") como sinal no Antigo Testamento de que a virgindade de Maria estava sendo profetizada. Mas a *exegese* ou os estudos modernos são mais aptos a traduzir esta frase dizendo que uma jovem, até casada, poderia ser o sentido mais exato. Um autor e perito em Bíblia diz que a palavra hebraica usada "indica uma jovem núbil". A palavra não significa explicitamente, mas supõe a virgindade, exatamente como nossas palavras atuais "jovem" e "moça". Há uma outra palavra hebraica para "virgem". Deste jeito, não podemos forçar um dogma entrar num trecho bíblico para justificar a sua existência.

Além disso, no tempo de Cristo, havia pensamentos e filosofias que achavam que a atividade sexual baixava a dignidade do ser humano, ofuscando a razão e a mente. Muito mais nobre é aquele que vive sem praticar o sexo. O próprio Cristo disse que no céu não haverá mais matrimônio ou casamentos.

Algumas pessoas, críticas da devoção praticada pelos católicos, descobriram trechos bíblicos que falam que Jesus tinha irmãos, portanto, Nossa Senhora teve outros filhos.

Temos de lembrar que as línguas faladas no tempo de Jesus eram limitadas, com vocabulários reduzidos em comparação com as nossas línguas modernas. A mesma palavra era usada para atender diversas significações. Veja as palavras que traduzimos como

IRMÃO em português. Poderia ser uma pessoa que tem o mesmo pai e mãe ou apenas um parente (isto é, um primo), ou um grande amigo (lembra-se da música de Roberto Carlos, Meu Irmão, Meu amigo?).

Será que São José não teve outros filhos, ficou viúvo e depois se casou com Nossa Senhora? Ou outras irmãs ou primas de Nossa Senhora (como Isabel) não tiveram filhos, que seriam então primos (os chamados "irmãos") de Jesus?

De qualquer jeito, nem a história, nem a ciência podem provar nem a favor, nem contra nossa posição sobre a Virgindade de Maria. Nós acreditamos que ela era VIRGEM. É válido e possível discutir o que quer dizer ser Virgem. Mas pelo fato de ela ser também, simultaneamente, Mãe de Deus, Mãe de Jesus, para nós católicos Maria continua sendo a Virgem Mãe. Se você acha difícil compreender ou aceitar tudo isso, acredita na Encarnação, que Deus se tornou homem?

Muito mais profundo é o sentido bíblico da palavra Virgindade, que inclui alguém que confia em Deus. Afinal de contas, nós católicos acreditamos que Jesus era o filho único de Nossa Senhora. Ponto final. É artigo de fé para nós.

16

Nossa Senhora morreu? Só a sua alma está no céu?

O mais recente dogma da Igreja Católica, a Assunção de Maria, em corpo e alma assunta para o céu, foi proclamado no ano 1950, por Pio XII.

Seguindo uma velha tradição de que ninguém sabe o local do túmulo de Nossa Senhora, onde o seu corpo foi sepultado, os primeiros teólogos e fiéis acreditaram que, assim como Jesus morreu na cruz, mas ressuscitou e subiu para o céu, a mãe dele, tão parecida com o seu filho na obra da redenção e salvação, também morreu biologicamente, mas seu corpo puro não se corrompeu, mas foi levado para o céu.

O Novo Catecismo da Igreja Católica diz assim, "a Imaculada Virgem, preservada imune de toda mancha da culpa original, terminado o curso da vida terrestre, foi assunta em corpo e alma à glória celeste. E para que mais plenamente estivesse conforme a seu Filho, Senhor dos senhores e vencedor do pecado e da morte, foi exaltada pelo Senhor como Rainha do universo. A Assunção da Virgem Maria é uma participação singular na Ressurreição de seu Filho e uma antecipação da ressurreição dos outros cristãos".

Desde tempos antigos, os fiéis notaram uma relação entre Eva, a primeira mulher e mãe de todos os seres vivos que introduziu a morte no mundo por seu pecado, e Maria que se tornou a nova Eva, aquela que trouxe o autor da vida – Jesus Cristo – ao mundo. Agora Maria vive a plenitude da vida, glorificada no céu como filha predileta de Deus Pai.

Portanto, não é apenas o espírito ou a alma de Maria que está no céu, mas o seu corpo também. Como — alguém poderia perguntar — um objeto material pode já estar presente no paraíso? A nossa crença sobre a dignidade de Maria nos oferece esta certeza e a esperança de que o meu corpo será ressuscitado também.

17

Nossa Senhora faz milagres? Realmente é intercessora? Diante de quem intercede?

No segundo capítulo do Evangelho de São João, quando faltou vinho na festa de casamento do casal na aldeia de Caná, Maria pediu que o filho fizesse alguma coisa. Inicialmente Ele resistiu, dizendo que ainda não tinha chegado a hora dele. Mas quando a mãe disse aos serventes: "Façam tudo o que ele mandar", Jesus não resistiu e atendeu a intervenção da mãe.

Desse jeito, nasceu nossa percepção de que Maria pode ser uma intercessora em nosso favor. Ela não tem poderes próprios. Ela mesma cantou no cântico do Magnificat: "O Senhor fez em mim maravilhas. Santo é seu nome" (Lc 1,49).

Basta entrevistar qualquer fiel, de qualquer geração ou de qualquer país, e você encontrará pessoas convictas de que as suas orações à Mãe de Deus trouxeram resultados favoráveis. Isto não quer dizer que uma oração automaticamente ganhará qualquer benefício: tem que ver se ele é necessário para a nossa felicidade verdadeira ou salvação eterna. Além disso, outros seres humanos podem frustrar ou bloquear a força de Deus.

Como no dia do casamento em Caná, Nossa Senhora vai pedindo favores ao seu Filho. Santo Afonso escreveu um belíssimo livro de orações: VISITAS AO SANTÍSSIMO. No final de cada dia do mês, ele incluiu uma oração em honra da mãe de Jesus. Um tema constante desse Doutor de Oração é que o que não conseguimos através de Jesus, Maria freqüentemente consegue por nós!

Rezando uma praga para que o seu inimigo sofra uma desgraça, para que você ganhe na loteria sozinho e fique milionário, para que o seu time de futebol ganhe o campeonato, não são pedidos sérios que merecem a intervenção da Rainha do céu. Mas rezar para ser mais santo, alguém mais disponível para servir as necessidades do seu próximo, para ter mais coragem e força para vencer um mau hábito, estes sim.

Uma antiga frase diz: *Ad Jesum, por Mariam* (ou seja, vamos chegar até Jesus através da intercessão de Maria). O que ela mais quer alcançar em nós é que nos tornemos amigos e discípulos de Jesus. O papel e a função dela é introduzir-nos e conduzir-nos ao nosso Salvador. Para isso o católico acredita que Maria nunca cansará de interceder, no bom sentido da palavra, em favor das necessidades do cristão.

18

De onde veio a oração da *Ave-maria?*

A oração *AVE-MARIA* vem de inspirações bíblicas. A primeira parte da oração aconteceu quando o Anjo Gabriel visitou a jovem Maria na sua casa (cf. Lucas 1,26). O visitante celestial anunciou a sua presença dizendo: "Ave, alegre-se, cheia de graça. O Senhor está com você" (v. 28).

Logo em seguida, Nossa Senhora foi socorrer a prima Isabel, aquela velha que ficou grávida pela primeira vez e precisava de uma assistência maior. Quando Maria entrou na sala, Isabel exclamou: "Você é bendita entre as mulheres, e bendito é o fruto do teu ventre" (v. 42).

Assim foi formada a base da primeira parte desta oração. A fé católica completou o resto.

19

Qual a origem do Rosário?

Mais ou menos no ano 1000, surgiram vários mosteiros pela Europa. Só São Bernardo, com a sua reforma, deixou um número impressionante de novas fundações. Os monges estavam divididos em duas categorias. Uma classe era clerical, dos sacerdotes, com seus estudos. Eram os intelectuais. Muitos livros foram copiados para preservar a sabedoria cristã e secular. Freqüentemente as vocações vieram de origens da nobreza ou classe mercantil, das classes consideradas mais altas etc.

Havia também os Irmãos que faziam os trabalhos manuais, cuidando das fazendas, do gado, da limpeza do mosteiro etc. Freqüentemente eram de famílias simples e pobres. E também analfabetos.

O coração e espírito da vida monástica estavam expressos na frase *Ore et labore* (isto é, "rezar e trabalhar"). Os monges passavam horas e horas por dia rezando. No mínimo iam à capela seis vezes por dia. A recitação ou canto dos Salmos no Breviário era o motor-chefe de sua piedade. Existem 150 Salmos, mas só os clérigos e sacerdotes sabiam ler os livros sagrados.

O que fazer com os Irmãos ou outros leigos freqüentadores durante este tempo de oração? Assim nasceu o ROSÁRIO: 150 *AVE-MARIAS*, divididas em 3 blocos ou partes. Eis o nome do TERÇO, ou seja, um terço das 150 Ave-Marias. A palavra Rosário significa "Coroa de Rosas". Os membros mais simples rezavam e meditavam durante a recitação das 150 Ave-Marias, enquanto os outros monges rezavam os 150 Salmos.

Um texto diz assim: No ano 1365 fez-se uma comparação aos quatro saltérios, dividindo as 150 Ave-Marias em 15 dezenas e colocando um Pai-nosso no início de cada uma delas. Em 1500 ficou estabelecida para cada dezena a meditação de um episódio da vida de Jesus ou Maria, e assim surgiu o Rosário de quinze mistérios, cada bloco com os seguintes títulos: Mistérios Gozosos, Dolorosos e Gloriosos.

Mistérios Gozosos
1. A anunciação do Arcanjo São Gabriel a Nossa Senhora
2. A visita de Nossa Senhora a sua prima Santa Isabel
3. O nascimento de Jesus em Belém
4. A apresentação do Menino Jesus no Templo
5. Encontro de Jesus no Templo entre os Doutores da Lei

Mistérios Dolorosos
1. Agonia de Jesus no Horto das Oliveiras
2. A flagelação de Jesus atado à coluna
3. A coroação de espinhos de Jesus
4. Encontro de Jesus no Templo entre os Doutores da Lei
5. A morte de Jesus

Mistérios Gloriosos

1. A ressurreição de Nosso Senhor Jesus Cristo
2. A ascensão admirável de Jesus Cristo ao Céu
3. A vinda do Espírito Santo
4. A assunção de Nossa Senhora ao Céu
5. A coroação de Nossa Senhora no Céu

Cada mistério tinha 10 AVE-MARIAS, introduzido por um PAI-NOSSO e concluído com um GLÓRIA AO DEUS PAI. Para não ter nenhuma dúvida sobre o número 10, alguém criou uma "peça" com 10 contas ligadas por um fio, separadas por uma conta maior (para o Pai-Nosso). Deste jeito, sabia quando tinha terminado aquele mistério.

Antes de morrer, João Paulo II aproveitou a idéia milenar do Rosário e criou mais cinco mistérios: os Mistérios Luminosos.

Os cinco novos MISTÉRIOS são

1. O batismo do Senhor no Rio Jordão
2. A auto-revelação nas Bodas de Caná

3. Proclamação (Anúncio) do Reino, um convite para fazer uma conversão
4. A transfiguração
5. A instituição da Eucaristia, expressão sacramental do mistério Pascal

Recomenda-se que se reze o "Terço" desta maneira
  a. Na segunda-feira e sábado, rezam-se os Mistérios Gozosos
  b. Na terça e sexta-feira, os Mistérios Dolorosos
  c. Na quarta e domingo, os Mistérios Gloriosos
  d. E no sábado, os Mistérios Luminosos

Uma alma piedosa criou uma lista dos benefícios de rezar o Terço, que, de fato, poderia ser aplicada a qualquer tipo de oração:

Benefícios do Rosário
• Eleva-nos gradualmente ao perfeito conhecimento de Jesus Cristo.

- Purifica nossas almas do pecado.
- Permite-nos vencer nossos inimigos.
- Facilita-nos a prática das virtudes.
- Inflama-nos do amor de Jesus Cristo.
- Obtém-nos de Deus toda classe de graças.
- Proporciona a nós com o que pagar todas as nossas dívidas com Deus e com os homens.

Não sei se vão mexer com a palavra TERÇO (porque agora o Rosário completo, atualizado, tem 200 Ave-Marias, dividido em quatro blocos). Será que passaremos a chamar cada bloco de um QUARTO?

20

> Qual é a diferença entre
> uma *imagem* (religiosa)
> que veneramos e um *ídolo*
> que a Bíblia condena?

Muitas pessoas guardam fotos e retratos de seus pais ou outras pessoas especiais que marcaram a sua vida. Jovens fazem coleções de astros de cinema e do mundo da música. Desde tempos antigos, o ser humano fez imagens de si mesmo para preservar a memória de alguém.

A religião usa muitas imagens para expressar o Deus invisível. Houve épocas em que a imagem se tornou a própria presença da divindade, recebendo atos de louvor e veneração reservados para o Deus mesmo. Nesse sentido, uma aberração do culto das imagens pode transformar-se num ÍDOLO.

Para proteger os hebraicos das influências das religiões pagãs que os cercavam, os profetas e outros líderes religiosos condenaram o uso de imagens para representar o Deus invisível (cf. Sb 13,10-15,17).

Uma imagem que nos faz lembrar do amor de Deus é algo bom e útil a ser promovido. Transferir para uma imagem o louvor e culto devido ao Deus vivo e verdadeiro é idolatria. Deus não mandou os homens fazerem imagens para enfeitar a Arca da Aliança?

Hoje em dia, pregadores e poetas falam da idolatria dos shoppings com o seu consumismo, a glorificação do sexual com o seu prazer, a busca do dinheiro e a ambição do poder. Quer dizer, coisas criadas por Deus se transformaram em obstáculos e barreiras contra o seguimento do Senhor. Qualquer coisa que coloque Deus em segundo ou último lugar é um ídolo. Classifico a imagem do Papai Noel nesta categoria, pois tem substituído a imagem de Cristo no dia do seu aniversário.

Existe uma legião de indústrias fornecendo produtos religiosos. Muitas ganham bem por seu esforço. O que nos interessa é que o uso de crucifixo nos faz lembrar o amor total de Jesus. A estátua de Nossa Senhora não é objeto de adoração, mas uma lembrança de sua dedicação totalizante ao abraçar o plano de Deus. Imagens de Santo Antônio e de São Francisco nos ensinam a doação total e abandono à vontade de Deus.

O problema não é ter ou não ter uma imagem, mas como usá-la. Imagem que nos faz lembrar do amor de Deus e dos compromissos de promover o bem das pessoas, que nos faz ser dedicados ao Evangelho, é algo positivo. Imagem que nos desvia do Deus vivo e verdadeiro, que dirige os nossos louvores e adoração a um objeto material, é algo ruim.

21

A Igreja fala que ela é a comunhão dos santos. Eles têm poder de interceder?

Durante a história da Igreja, os teólogos têm falado da Igreja *Triunfante* (isto é, aquelas pessoas já salvas, que estão no céu). É a Igreja que já está na Glória. Nesta parte, temos o Cristo ressuscitado e Nossa Senhora, assunta em corpo e alma, como também OS SANTOS, aquelas pessoas que dedicaram as suas vidas de tal maneira ao Evangelho e ao amor de Deus, que praticaram um grau de virtudes que chamamos de heroínas.

E existe a parte visível da Igreja aqui na Terra, que caminha para a perfeição, que ainda *sofre e padece*. Este bloco de pessoas já possui a essência da Igreja, mas *ainda não* tem a plenitude da Igreja.

Há de um lado uma separação entre estas duas partes, mas também existe uma comunhão, uma ligação. Os Santos estão lá, torcendo para nós perseverarmos até o final e podermos chegar lá com eles. Eles fazem intercessões em nosso favor, rezando e pedindo de Deus as graças necessárias para sermos fiéis a Jesus.

Os santos não têm poderes próprios. Mas como amigos especiais de Cristo, que tentaram durante as suas vidas seguir Jesus e fazer a vontade de Deus, um pedido, uma palavra deles não faz mal. O poder vem de Deus.

Não sentimos mais conforto e força ao praticarmos a nossa profissão ou atividade, sabendo que alguém já passou à nossa frente, sentindo os mesmos problemas e dificuldades, e conseguiu santificar-se fazendo as mesmas coisas que nós fazemos? Seja qual for a vocação (a não ser político corrupto, dono de um motel ou médico que pratica abortos), é possível se tornar santo.

Achei uma lista de alguns santos que são considerados como os padroeiros de certas atividades. A lista é só parcial, pois tantos são os santos protetores e intercessores que têm surgido durante a história:

- *Mulheres casadas:* Santa Mônica
- *Professores:* São João Batista la Salle
- *Músicos:* Santa Cecília
- *Mães gestantes:* São Geraldo Majella
- *Pároco:* São João Vianney
- *Moças:* Santa Maria Goretti
- *Policiais:* Os Anjos Miguel, Gabriel, Rafael
- *Garganta*: São Brás
- *Secretárias:* São Genesius
- *Assistentes Sociais:* Santa Luísa de Marillac
- *Médicos:* São Lucas
- *Coroinhas:* São João Berchmans
- *Donas de casa:* Sant'Ana ou Marta
- *Casos Impossíveis:* Santa Rita de Cássia
- *Advogados:* São Tomás Morus
- *Objetos Perdidos:* Santo Antônio

A lista é enorme. Existe um santo para todas as atividades humanas. Para a Internet, os Redentoristas estão pleiteando o nome de Santo Afonso, grande comunicador do século 18.

O que é canonização?

A Igreja Católica tem declarado publicamente que mais de 4.000 pessoas são santas. Houve uma investigação de suas vidas, e foi pronunciado que estas pessoas servem como modelos para viver a nossa vida cristã. Estão no céu com Jesus, esperando-nos chegar lá também.

Além disso, há milhares de outros cristãos que já são BEATOS, o último passo antes de serem doclarados SANTOS. E para iniciar este processo que pode demorar 100 anos ou mais – pois a Igreja é muito cautelosa e exigente na sua escolha –, existem ainda as pessoas que receberam o titulo de VENERÁVEIS. Têm um pé dentro.

Normalmente se pedem dois milagres ou sinais milagrosos como confirmação da aprovação de Deus. Além disso, tem que haver uma devoção da parte do povo de Deus que aceita e reconhece que tal pessoa era especial. Os fiéis visitam o seu túmulo, rezam para que o futuro santo interceda em seu favor.

Entre tantos candidatos que merecem destaque, os Papas mais recentes na história têm usado a escolha de novos santos como um meio de promover um programa de evangelização: mandar uma mensagem pública. Quando as Escolas Católicas Paroquiais começaram a declinar em números, São João Neumann, grande incentivador desta pastoral, foi lembrado e canonizado. Quando a sociedade ficou mais erótica e permissiva nas suas práticas sexuais, o martírio de Santa Maria Goretti foi suscitado como exemplo de alguém que preservou a sua virgindade. Diante de governos cada vez mais seculares e distantes da influência religiosa, o Chanceler da Inglaterra, São Tomás Morus, foi elevado para as honras do Altar.

Mas o número de pessoas santas é bem maior. Há muitos anos, a Liturgia nos deu no dia 1º de novembro a Festa de Todos os Santos. Há uma grande multidão de indivíduos que viveram heroicamente as exigências do Evangelho. Eu pessoalmente conheci tais pessoas. Há uma marcha internacional para que Madre Teresa de Calcutá seja nomeada. Durante a Missa de Corpo Presente para João Paulo II, milhões de pessoas assistiram pela televisão os gritos e cartazes das pessoas na praça de São Pedro, gritando em Italiano, *Santo subito* (isto é, "santo já").

Portanto, o número de pessoas que recebem oficialmente este título sempre será inferior ao números de pessoas santas que dedicaram as suas vidas ao serviço do Reino.

O que é adorar? Venerar?

Tradicionalmente nós católicos ADORAMOS a Deus. É Ele quem merece o nosso louvor. Bendizemos o Seu Santo Nome. Só Deus recebe adoração. É o ato e sentimento mais profundo que uma criatura poderia oferecer ao seu Criador. Por meio do ato de Adoração, dizemos que Deus é perfeito, divino, e dependemos totalmente da sua ajuda e apoio. É a forma mais nobre e exaltada de culto.

VENERAMOS, ou seja, mostramos respeito e damos atenção às pessoas especiais que são importantes para nossa caminhada, como, por exemplo, Nossa Senhora, Mãe de Deus, a melhor cristã de todos os tempos. Ela merece nossa veneração porque fez tudo aquilo que Deus Pai pediu dela.

Veneramos, ou seja, lembramos os exemplos dos santos como motivação e incentivo para continuar agindo com a mesma dedicação e entusiasmo, repetindo com a mesma convicção tudo aquilo que estes bons cristãos fizeram no passado.

Nenhum católico esclarecido, portanto, ADORA Nossa Senhora. Mas sim presta uma homenagem à mulher mais sensacional da história. ADORAMOS o seu Filho Jesus presente no Sacrário ou durante a Bênção do Santíssimo. Um documento da Igreja diz assim: "A Igreja católica professou e professa este culto de adoração, que é devido ao Sacramento da Eucaristia, não somente durante a Missa, mas também fora da celebração dela, conservando com o máximo cuidado etc.".

Por esta razão, o católico se ajoelha diante do Sacrário. Fica de joelhos durante a Consagração do pão e do vinho no Corpo e Sangue de Cristo.

Não há nenhuma dúvida de que o espírito latino é mais efervescente do que o do nórdico, e podem aparecer exageros na devoção do devoto diante do seu santo. A nossa fé, porém, nos diz que basta um ato de respeito e veneração para lembrar a memória dos bons amigos de Jesus.

No 2º Concílio de Nicéia (787 d.C.), para enfrentar estas dúvidas e práticas erradas, criou-se uma hierarquia de *veneração* para esclarecer estes pontos. *Latreia* seria dada a Deus, e somente a Ele; *Hiper-douleia* seria dada à Virgem Maria; *Douleia* aos Santos; *Proskynesis* às imagens e objetos sagrados. Portanto, os santos, imagens e relíquias podem ser veneradas, mas ADORAÇÃO só a Deus. Já nesta época podemos ver que a Igreja estava querendo esclarecer e orientar os fiéis sobre a maneira certa de prestar as suas homenagens.

Apesar de falarmos da Adoração da Santa Cruz, o correto é sempre Venerarmos a Cruz como lembrança de nossa salvação.

24

Por que o padre benze artigos religiosos (imagens, Terços...)?

Nossa posição católica é que, desde o início, o mundo e as coisas materiais criadas são bons. Tudo por si mesmo é bom (cf. Gn 1). Por causa da queda e do pecado, a encarnação e nascimento de Jesus trouxe ainda algo a mais: a criação foi "beneficiada" com a vinda do Senhor.

O Novo Catecismo da Igreja diz que "os autores inspirados anunciam o projeto de salvação como uma imensa bênção divina" (n. 1.079). São Paulo diz que "tudo que é verdadeiro, nobre, justo, puro, amável, honroso, virtuoso ou que de algum modo mereça louvor" é digno do Senhor (Fl 4,8). Ao entrar no mundo, Jesus santificou as coisas terrenas, e o Espírito Santo completou a obra.

Entretanto, nas culturas humanas, sempre houve o costume de reservar locais, objetos, tempos do ano, como mais sagrados, mais dignos do culto e de Deus. Muitas cerimônias foram realizadas para consagrar estas coisas, transferindo, assim por dizer, as do mundo secular e material para o mundo do sagrado e religioso. Montanhas, por exemplo, sempre têm ocupado uma geografia especial como ponto de encontro com o divino.

O uso da água e do fogo tem ocupado posições de destaque em diversas religiões. "Desde a origem do mundo, a água, esta criatura humilde e admirável, é a fonte da vida e da fecundidade. A Sagrada Escritura a vê como "incubada" pelo Espírito de Deus" (CIC 1.218).

A Igreja benze a água para o Sacramento do Batismo e a Água Benta. Um terço já abençoado não deve ser vendido por dinheiro. Respeitamos imagens. Muita briga já houve em lares católicos quando um filho, que se tornou protestante, tenta quebrar e acabar com objetos considerados religiosos. Evangélicos gostam de citar as passagens bíblicas que proíbem o uso de imagens, mas convenientemente esquecem dos outros que incentivam o uso.

No fundo da questão, o que está em jogo são objetos que nos fazem lembrar do amor e da proteção de Deus. Certas pessoas menos esclarecidas podem exagerar no uso deles, mas ninguém duvide da sua sinceridade e de sua fé. Ninguém precisa apertar a mão do Presidente ou do Governador para ser um bom cidadão, patriota. Mas é um instinto natural que nos leva a querer ter contato com as nossas autoridades.

Posso torcer pela Seleção, sem receber o autógrafo de um dos craques, mas há gente que passa horas e horas na entrada de um hotel para ganhar cinco segundos de atenção.

25

> Rezar pelos mortos tem qualquer efeito?
> Por que existem missas de 7º dia?

Seremos julgados pelos atos que praticamos: o bom será premiado e agraciado, o mal será castigado. Existem, portanto, o céu e o inferno. Existe também o Purgatório, onde os salvos se livram, purificam-se dos efeitos do pecado, ou seja, das penas (cicatrizes) provocadas em nós pelas más ações que praticamos.

Rezar pelos falecidos é um costume que vem desde o Antigo Testamento. Na Bíblia encontramos um trecho no 2º Livro de Macabeus, cap. 12. Judas Macabeus fez uma coleta e mandou prata ao templo, para oferecer um sacrifício pelos pecados dos soldados mortos na batalha defendendo a religião verdadeira, pois "tinham usado objetos consagrados aos ídolos... coisa que a lei proibia aos judeus". Isso foi considerado pecado, e o motivo de suas mortes.

Mostrando, porém, a crença da possibilidade da ressurreição dos mortos, Judas achou que não "seria coisa inútil e tola rezar pelos mortos". Ele disse que rezar pelos falecidos era "um *pensamento santo e piedoso*" (2Mc 12,45). A idéia da sua oração era que "o pecado cometido fosse totalmente cancelado" (v. 42).

Assim começou a nossa noção bíblica da Comunhão dos Vivos e dos Mortos, de que numa maneira misteriosa podemos fazer algo em prol daqueles que já foram.

Em certos países católicos, desenvolveu-se a tradição de rezar missas de corpo presente, de 7º dia de falecimento, de um mês, de um ano etc. Em outras partes do mundo, o sepultamento acontece dois a quatro dias depois da morte. É neste momento que há uma liturgia especial para rezar pelo defunto.

O costume "obrigatório", às vezes quase fanático, de celebrar a missa no 7º Dia de falecimento não é praticado internacionalmente. É tradição de alguns povos. O que devemos fazer é rezar pelos nossos mortos, freqüentemente chamados de Almas do Purgatório, para que possam ser purificados e entrar no céu. Há necessidade de uma limpeza e cura geral das feridas do pecado, antes de ver Deus face a face.

É claro que ninguém pode comprar a salvação, deixando muito dinheiro para rezar missas etc. Mas numa maneira de bondade e solidariedade, Deus permite que a nossa intervenção contribua para a preparação final de nossos irmãos. Seremos julgados, claro, pelos atos que praticamos. Ter alguém rezando por nós, entretanto, não faz nenhum mal, mas nunca substituirá a necessidade de ter vivido uma vida cristã em sintonia com o Plano de Deus.

26

> Os Sacramentos
> podem ser anulados?
> O padre deixa de ser padre
> quando sai do ministério
> sacerdotal?
> Como casado, continua
> ainda sendo padre?

Os Sacramentos são tanto obras e ações do Nosso Senhor Jesus Cristo como atos praticados pelos membros do Povo de Deus. Quem vai determinar, entretanto, se um Sacramento é válido ou não é Deus. Não depende da fé do cristão. O autor e fonte do Sacramento é Deus, em Cristo.

Pode acontecer que um indivíduo não receba as Graças e os benefícios de um Sacramento. Culpa sua. O Sacramento operou. O pecador não pegou. Não faltou a ação e presença de Deus. Foi apenas em vão.

Dos sete Sacramentos, três conferem uma marca permanente chamada de "Caráter". Ao ser batizado, crismado ou ordenado sacerdote, Deus estampa na alma um sinal de sua consagração e da sua atuação. Para a alegria dos anjos no céu ou o desprezo da parte dos demônios no inferno, nossas vidas são marcadas para sempre. Na liturgia da ordenação sacerdotal, é falado que, de agora em diante, "Tu és Sacerdote para sempre".

Uma pessoa batizada corretamente (como manda o figurino, isto é, realizado com a intenção correta) numa igreja de crentes não precisa ser rebatizada ao entrar na Igreja Católica. Já é Filho de Deus. Já houve casos em que os pais de uma criança brigaram com os padrinhos do seu filho. Queriam batizar a criança de novo. Problema dos pais! Já está batizada para sempre. Trocar os padrinhos é outro departamento.

No caso de um padre, quando ele "deixa a batina", não atua mais como sacerdote: não celebra missas nem dá bênçãos, não atende confissões ou unge os doentes etc. Continua sendo sacerdote, mas não age sacerdotalmente. É sempre uma perda para o bem pastoral da Igreja quando alguém desiste de sua vocação. Pode haver até várias razões e explicações. No caso de um padre, normalmente é um processo doloroso, pois ele deixa de fazer o que ele sonhou e lutou para alcançar e depois realizou durante algum tempo.

Deixemos Deus julgar os motivos da decisão do sacerdote que tomou um outro caminho. No mínimo ele merece nosso respeito pelo esforço que mostrou para alcançar o Altar e nossa compreensão pela falta de perseverança nesta atividade. Mas ele continua sendo padre para sempre, da mesma maneira que um batizado é eternamente marcado como filho de Deus e o crismando, como soldado de Cristo, consagrado ao serviço do Reino. Certas coisas são transformadas pelo poder do Sacramento, este encontro com Cristo que busca ajudantes que continuem os projetos e planos de salvação do Senhor.

27

O que representa
a figura do Papa
para os católicos?
A Igreja poderia
existir sem ele?

Jesus veio com uma missão para realizar um plano. Queria criar um mundo renovado, com mais amor e fraternidade. Ele nos deu um novo Mandamento: "Amai-vos, uns aos outros".

Não queria trabalhar sozinho. Escolheu colaboradores e discípulos para ajudá-lo nessa missão. Os mais íntimos e especiais receberam o título de Apóstolos, ou seja, aqueles que seriam *enviados* até o fim do mundo para anunciar o plano de Jesus. Como qualquer grupo ou organização, houve um líder deles. O capítulo 16 do Evangelho de São Mateus nos diz que Simão Pedro foi escolhido como o primeiro chefe dos seguidores de Jesus: sobre esta pedra (que é Pedro), a Igreja foi edificada e permanecerá até o fim dos tempos. Foi a Pedro que Jesus deu as CHAVES do Reino do céu. O que Pedro perdoou (isto é, desligou) na terra, seria aceito no céu.

Já no início da Igreja (At 15), quando São Paulo teve queixas de certas práticas pastorais que estavam contrarias à natureza do Cristianismo, ele subiu para Jerusalém onde Pedro estava. Era um sinal claro de que ele reconhecia a autoridade de Pedro e precisava corrigir o que estava errado. Depois de uma longa discussão, Pedro levantou e falou: "Irmãos, vocês sabem que desde os primeiros dias, Deus me escolheu no meio de vocês, para que os pagãos ouvissem de minha boca a palavra da Boa Nova e acreditassem" (At 15,7). Desta maneira, foi reforçada a posição especial de Pedro no meio dos discípulos de Jesus.

Depois, como o centro político, econômico e social do mundo estava fixado em Roma, Pedro foi caminhando e mudouse para lá. Tornou-se o primeiro bispo de Roma, cidade dos Césares, cidade imperial: sede do governo mundial que governava o mundo conhecido lá fora. Também o governo do Reino de Cristo habitaria esta mesma cidade. Assim foi criada uma ligação e união entre o chefe visível da Igreja e a cidade nas margens do rio Tiber.

Quando não existiam mais Césares, começou um processo em que o Papa assumia a postura de autoridade e de governo. Formava a sua corte. Cada vez mais era fortificada a idéia central de que o cristianismo católico funciona e existe a partir do sucessor de Pedro como bispo de Roma, em Roma. O Catecismo da Igreja diz que o Papa, como "sucessor de São Pedro, é o perpétuo e visível princípio e fundamento de unidade...".

"Cristo, ao instituir os Doze, instituiu-os à maneira de colégio ou grupo estável, ao qual propôs Pedro, escolhido dentre eles."

Cada vez mais os teólogos e outras autoridades religiosas reconheciam a importância da Sé de Pedro. Santo Agostinho (354-430) proclamou que a Sé em Roma garantiu a unidade da Igreja. Leão o Grande escreveu muitas coisas sobre o trabalho do Papa, dizendo que a sua autoridade veio diretamente de Jesus.

Era o Papa, então, que convocava, aprovava e assumia as decisões de um Sínodo ou Concílio (ou seja, uma reunião de bispos e outros líderes eclesiásticos). Era a autoridade de Pedro, manifestada na pessoa do bispo de Roma, que falava com segurança sobre os mistérios de nossa fé. Por causa disso, até hoje, milhares de pessoas fazem peregrinações a Roma para manter vivo o vínculo de sua fé com Jesus, fortificada e manifestada na pessoa do bispo de Roma.

A autoridade dos outros bispos, como sucessores dos Apóstolos, tinha uma ligação e um vínculo com o bispo de Roma. Cabia a ele, o Papa, confirmar e autorizar a validade das nomeações episcopais como os legítimos sucessores dos Apóstolos. Já faz séculos que as nomeações de um novo bispo passam pela aprovação do Papa.

Em 1870, no início do Primeiro Concílio Vaticano (que acabou antes de completar a sua agenda), deu-nos a doutrina da Infalibilidade do bispo de Roma. Infelizmente, a invasão de tropas italianas forçou o Concílio a concluir e encerrar apressadamente os seus trabalhos, antes de ter tempo para discutir qual é o papel e autoridade do bispo como sucessor dos 12 Apóstolos. Claro que o Papa não pode decretar qualquer coisa, promulgar um capricho. Ele está em sintonia com o Evangelho e todos os outros bispos do mundo inteiro, e em continuação com as doutrinas e crenças do passado que chamamos de Magistério. Ele está protegido com um dom especial chamado de Infalibilidade, que garante que o bispo de Roma nunca nos ensinará algo contra a Lei de Deus.

Perseguições contra a Igreja sempre incluíram ataques contra o Papa, pois até os "filhos das trevas" entendem que um Papa enfraquecido não poderia fazer muita coisa em prol da Igreja de Jesus. Santo Irineu lembrou aos fiéis que nada devem fazer sem o bispo, imagine sem o bispo de Roma!

Ao ser escolhido como Bento XVI, muita gente esqueceu que ele não era o sucessor de João Paulo II, mas de São Pedro, que recebeu a sua autoridade diretamente de Jesus. Por esta razão, o católico respeita e agradece a Deus o fato de ter um grande "Coordenador Internacional" para guiar o Rebanho de Cristo.

28

Dizem que o Vaticano possui uma fortuna. Como justificar as riquezas com a presença de um Cristo pobre e simples?

Cada ano, milhares de pessoas visitam a pequena nação ou Estado chamado Vaticano, cravado no coração da cidade de Roma (na Itália). A grande Basílica de São Pedro é uma verdadeira obra de arte. Na maior Igreja do mundo, existem coisas bonitas que atraem multidões. Além disso, existe o Museu do Vaticano, sem dúvida, um dos melhores do mundo. Há pinturas, estátuas e livros preciosos. Não há dinheiro que compre as obras que existem lá. As suas coleções são as melhores do mundo. Os seus corredores são bonitos demais.

Todo o mundo já ouviu falar da Capela Sistina e das pinturas de Michelangelo que a ilustram desde a criação do homem até o Juízo Final. Parece que o Papa mora no palácio mais rico do mundo.

Entretanto, cada ano o Vaticano tem problema de caixa. De dinheiro vivo disponível para pagar os salários dos 2.000 funcionários e sustentar os Cardeais, padres e religiosos(as) que fazem parte do governo central da Igreja. Existe um pequeno exército, os Guardas Suíços. Jóias e artigos religiosos não compram arroz e feijão.

O que temos é uma entidade que está guardando um patrimônio histórico de algumas das melhores e mais nobres atividades do ser humano. Não é para si, mas para elevar os nossos espíritos para pensar em coisas mais sublimes. Foram doadas durante séculos e séculos como sinal de apreço do trabalho da Igreja.

É verdade que muito dinheiro entra nos cofres do Vaticano, mas também é verdade que muito mais sai para financiar as atividades de muitos padres e freiras em terras pobres de missão, onde a Igreja está na fase de se instalar e ainda não tem recursos suficientes para manter os trabalhos necessários. O governo central da Igreja sustenta e envia recursos para milhares de locais. A América Latina, inclusive o Brasil, é uma área beneficiada.

A generosidade de algumas pessoas contribui a cada ano para minimizar e cobrir as despesas, permitindo que a Igreja continue com sua presença marcante em diversos países.

Beleza e cultura, portanto, não são sinônimas de corrupção e roubo. A arte é um sinal daquilo que é mais nobre e melhor dentro do ser humano.

O que é o Magistério? Para que serve?

Para transmitir as verdades de Jesus e ser fiel a sua doutrina, é necessário organizar uma lista de frases que nos educam sobre os ensinamentos de Cristo. Lembrar tudo o que Ele nos deixou e pediu para cumprir e continuar.

O Catecismo fala de um "Depósito da Fé", um "patrimônio sagrado". Esta coleção nos preserva de heresias, não deixando que idéias erradas entrem em nossas práticas e conversas. Preservamos a doutrina dos Apóstolos até hoje. O Catecismo nos diz que a Igreja "recebeu dos Apóstolos o solene mandamento de Cristo de pregar a verdade da salvação".

Como têm surgido momentos de conflito, dúvidas e tensão sobre o sentido mais completo e amplo de uma doutrina, "o ofício de interpretar autenticamente a palavra de Deus, escrita ou transmitida, foi confiado unicamente ao Magistério vivo da Igreja, cuja autoridade se exerce em nome de Jesus Cristo, isto é, aos bispos em comunhão com o sucessor de Pedro, o bispo de Roma" (CIC 85).

Claro que o Magistério não está acima da Palavra de Deus, mas existe a serviço dela. E lembrando das palavras de Cristo, acreditamos: "Quem vos ouve (isto é, os bispos), a mim ouve" (Lc 10,16). Existe uma tradição, uma memória coletiva orientada e protegida pelo Espírito Santo, que mantém a união e continuação de tudo aquilo que Jesus nos transmitiu, acompanhadas com as reflexões feitas durante os séculos pelos teólogos para aprofundar a mensagem de Jesus.

Nossa fé católica sempre entendeu que, como parte do seu ministério e ação, os papas e os bispos são os primeiros a vigiar e manter exatas as verdades de nossa fé. Outras igrejas apresentam divisões e subdivisões internas, porque falta uma autoridade central para dizer a palavra final.

Dentro do Magistério, encontramos 20 DOGMAS ou pronunciamentos que a Igreja fez para esclarecer dúvidas. Não contêm a totalidade da verdade, mas nunca poderíamos ir diretamente contra um dogma, como, por exemplo, negar o fato de que Jesus é o Filho de Deus (exatamente o problema dos mórmons que acham que Jesus foi apenas um bom homem, um profeta etc.) A formulação ajuda as pessoas a terem uma clareza maior. Só nós católicos temos dogmas. As outras igrejas falam de uma *Confissão de Fé ou Credos.*

Infelizmente a palavra ganhou um sentido de ser uma crença rígida, não aberta às outras opiniões contrárias, repressão, intolerância etc. É uma pena, pois dois e dois sempre farão quatro, e ninguém reclama dizendo que os matemáticos são dogmáticos, recusando abrir um diálogo sobre a questão, oferecer uma opinião diferente.

30

O que é ser excomungado?
Alguém pode deixar de ser
católico depois de
ser batizado?

Existe um lado visível da Igreja, com as suas práticas litúrgicas e crenças. Tem uma cultura católica que governa a maneira que agimos, proporciona-nos um "jeito" de ser.

Há muito pluralismo e espaço que permite uma variedade de pensamentos e opiniões, de ações e conduta. Mas como em qualquer outro grupo ou organização, há limites. Uma pessoa pode posicionar-se de tal maneira que se coloca em conflito, em oposição à Igreja. Quando envolve uma confrontação séria com uma das doutrinas pregadas pela Igreja ou uma conduta muito ruim (isto é, assassinar um bispo), este tipo de pecador se exclui ou, como se diz, é EXCLUÍDO, fora de comunhão com os outros cristãos. Perdeu a sua união com os outros fiéis. Escolheu um outro rumo na vida. Não dá para reconciliar as divergências.

Lutero foi visto pelo Vaticano como agitador e perturbador da boa ordem. Com mais diálogo, os peritos da história acham que o Protesto, a manifestação dele, teria renovado a Igreja. Sendo (infelizmente) expulso da Igreja, só sobrou a possibilidade de formar uma nova religião.

Ser excomungado, portanto, é ser expulso da Igreja e, conseqüentemente, excluído de comunhão com Deus, porque a pessoa é considerada como alguém que cometeu uma ofensa tão terrível que não dá para tolerar ou conviver com ela.

Implica que não houve nem arrependimento, nem uma tentativa de renovar e mudar de vida ou consertar os laços quebrados. Certos bispos queriam excomungar parlamentares e políticos que votaram a favor do aborto ou eutanásia. Antigamente, governantes que praticaram genocídios, matando muitas pessoas em saques de cidades, foram punidos com este castigo.

Em tempos passados, talvez a lista de pecados e ofensas que causavam a Excomungação fosse bem maior e mais cumprida. Incluíram ofensas e pecados de idolatria, assassinatos, suicidar-se, impureza, perda de fé e denúncias contra a doutrina da Igreja. Certos pecados só poderiam ser absolvidos com a permissão do bispo. Para um rei ser excomungado, era um pesadelo, pois os seus súditos foram liberados de obrigações de obedecer a seus pronunciamentos. Qualquer outro nobre poderia aproveitar a situação e tentar assumir o governo da região.

No mundo de Cristandade, no qual quase todos os membros da sociedade eram também católicos, ser excomungado era uma condenação de ficar sozinho e isolado, sem a ajuda e bênção de Deus, sem o apoio e carinho dos homens. Não poderia ser sepultado em cemitérios religiosos e corria o risco de ganhar as penas do inferno para sempre. O pecador foi duplamente expulso: da convivência com os homens e união com Deus. A excomungação foi vista como o pior de todos os castigos.

Hoje em dia não se usa freqüentemente este meio para censurar os atos ruins dos pecadores. A consciência nos alerta que certas situações são bem complexas, e, às vezes, teremos mais tolerância e compreensão para certos atos aparentemente errados. Ninguém, por exemplo, condena mais a pessoa que se suicidou. Nem exclui de sepultamento num cemitério católico, nem recusa rezar uma missa pela alma do infeliz. Em vez de criticar o ato, lamentamos o fato de que a vítima devia ter sofrido uma depressão tão grande que anulou o instinto básico de viver e sobreviver.

Se o ato de Excomungação vem do lado da Igreja institucional, uma pessoa individualmente pode decidir que não mais quer ser católico. É uma declaração pública de desligamento. O que se nota muito são os casos das pessoas que passam a freqüentar outras religiões. Ou por qualquer motivo (que justifica ou não), elas acham que a Igreja não merece mais a sua adesão. Escândalos na parte de pessoas mais ligadas ao serviço da Igreja têm provocado esse tipo de reação.

Pode ser que elas tenham até uma consciência limpa e tranqüila, pensando, dessa forma, que estão encontrando Deus. Ao menos podemos concluir que visivelmente elas não são mais membros da Igreja de Cristo. O que acontece dentro da consciência de cada um é outro departamento.

De qualquer jeito, uma separação ou divisão é sempre algo triste, um sinal que algo não funcionava bem como devia. Decepções, de qualquer natureza, deixam-nos insatisfeitos com a situação.

Afinal de contas, quem eram a Besta Fera e o Grande Dragão?

Se alguma pergunta sua não foi respondida,
escreva-me: donnell555@netium.com.br
ou Pe. Luís Kirchner, C.Ss.R.
CP 217
69011 – Manaus-AM

Índice

Apresentação 3

1. Todas as religiões não são boas, iguais? Não falam de Deus? 7
2. O que fazer quando uma pessoa que se sente membro da Igreja discorda de uma de suas doutrinas? 11
3. O que acontece com as crianças não batizadas quando morrem? 16
4. Um dia, na igreja, uma das Hóstias Sagradas caiu no chão durante a hora da comunhão. Antes que o padre pudesse pegá-la, um cachorro a comeu? O cão comungou? 20
5. É pecado fazer remédios usando a água benta? 22
6. Quanto tempo passaremos no purgatório antes de ver Deus face a face? 26

7. Uma vez eu estava necessitado e desviei dinheiro do meu patrão. A minha situação melhorou. Porém, se eu devolver a ele, provavelmente vou perder o meu emprego. O que fazer? 29

8. Por que a Igreja está contra a camisinha? 32

9. Quando vou dormir, fico com tanto sono que não consigo rezar direitinho................. 37

10. Assisti a um filme erótico que estava passando na televisão e depois fiquei excitado. Senti maus desejos. O que fazer? 39

11. Pagar o dízimo é obrigatório ou é para quem quer aderir?... 41

12. Quando não tem a celebração da missa com o padre, o católico é obrigado a freqüentar? O sermão do ministro é mal preparado, comprido, chato...................... 45

13. É necessário ser um membro ativo de um Movimento ou Pastoral da Igreja? Não basta freqüentá-la?... 48

14. Por que Maria de Nazaré tem tantos títulos?....53

15. Nossa Senhora é chamada por nós católicos de Virgem. Ela teve outros filhos?................. 64

16. Nossa Senhora morreu? Só a sua alma está no céu?.. 69

17. Nossa Senhora faz milagres? Realmente é intercessora? Diante de quem intercede?.... 72

18. De onde veio a oração da *Ave-maria*? 75

19. Qual a origem do Rosário? 77

20. Qual é a diferença entre uma *imagem* (religiosa) que veneramos e um *ídolo* que a Bíblia condena? 83

21. A Igreja fala que ela é a comunhão dos santos. Eles têm poder de interceder?........ 86

22. O que é canonização?................................ 90

23. O que é adorar? Venerar?........................... 93

24. Por que o padre benze artigos religiosos imagens e Terços? 96

25. Rezar pelos mortos tem qualquer efeito? Por que existem missas de 7º dia?.................... 99

26. Os Sacramentos podem ser anulados? O padre deixa de ser padre quando sai do ministério sacerdotal? Como casado, continua ainda sendo padre? 102

27. O que representa a figura do Papa para os católicos? A Igreja poderia existir sem ele?....106

28. Dizem que o Vaticano possui uma fortuna. Como justificar as riquezas com a presença de um Cristo pobre e simples? 112

29. O que é o Magistério? Para que serve? 115

30. O que é ser excomungado? Alguém pode deixar de ser católico depois de ser batizado? 119